Mi vida con Autismo

escrito por **Mari Schuh** • arte por **Isabel Muñoz**

AMICUS ILLUSTRATED y AMICUS INK
son publicaciones de Amicus
P.O. Box 1329, Mankato, MN 56002
www.amicuspublishing.us

Edición: Gillia Olson
Diseño: Kathleen Petelinsek

Library of Congress Cataloging-in-Publication Data

Names: Schuh, Mari C., 1975- author. | Muñoz, Isabel, illustrator.
Title: Mi vida con autismo / by Mari Schuh ; illustrated by Isabel Muñoz.
Other titles: My life with autism. Spanish
Description: Mankato, Minnesota : Amicus Illustrated, [2021] | Series: Mi
vida con... | Audience: Ages 6-9 | Audience: Grades 2-3 | Summary:
"North American Spanish translation of My Life With Autism. Meet Zen! He
loves to draw and play video games. He also has autism. Zen is real and
so are his experiences. Learn about his life in this illustrated
narrative nonfiction picture book for elementary students"-- Provided
by publisher.
Identifiers: LCCN 2019050223 (print) | LCCN 2019050224 (ebook) | ISBN
9781645492030 (library binding) | ISBN 9781681527321 (paperback) | ISBN
9781645492290 (pdf)
Subjects: LCSH: Autism in children--Juvenile literature. | Autistic
children--United States--Biography--Juvenile literature.
Classification: LCC RJ506.A9 S41918 2021 (print) | LCC RJ506.A9 (ebook) |
DDC 618.92/85882--dc23
LC record available at https://lccn.loc.gov/2019050224
LC ebook record available at https://lccn.loc.gov/2019050224

Impreso en Estados Unidos de América

Para Zen y su familia–MS

Acerca de la autora
El amor que Mari Schuh tiene por la lectura comenzó con
cajas de cereales en la mesa de la cocina. Hoy en día,
es autora de cientos de libros de no ficción para lectores
principiantes. Con cada libro, Mari espera ayudar a los niños
a aprender un poco más sobre el mundo que los rodea.
Obtén más información sobre ella en marischuh.com.

Acerca de la ilustradora
El sueño de Isabel Muñoz era poder ganarse la vida
pintando, y ahora está orgullosa de ser la ilustradora de
varios libros infantiles. Isabel trabaja en un estudio ubicado
en un encantador pueblito nuboso, con mucho verde, del
norte de España. Puedes seguirla en isabelmg.com.

¡Hola! Me llamo Zen. Soy niño, como tú. Es posible que disfrutemos las mismas cosas. Me gusta dibujar y jugar a los videojuegos. También podríamos tener diferencias. Tengo autismo. ¡Déjame contarte sobre mi vida!

Los niños que tienen autismo nacen así. Los médicos no conocen bien su causa. No se puede saber si alguien tiene autismo con solo mirarlo.

El autismo afecta la forma en que una persona actúa, siente y habla. Afecta a cada persona de una manera un poco diferente. A esto se le llama espectro del autismo. Eso significa que cada persona con autismo tiene sus propios talentos y necesidades.

Es posible que veas los niños que tienen autismo repiten movimientos. Algunos niños giran o se balancean de un lado a otro. Puede ser que agiten los brazos o pateen.

Cuando era más pequeño, caminaba de puntillas y hacía chasquidos con la lengua. Una terapeuta me enseñó a no hacerlo más.

Para los niños que tienen autismo es difícil hablar y saber cómo actuar. Algunos niños con autismo hablan muy poco o no hablan. A menudo no entendemos las bromas. Yo repito palabras y evito mirar a la gente. Es posible que yo hable en voz alta o que me ponga muy cerca de las personas. A veces, la gente se queda mirándome.

Las comidas nuevas me molestan. Solamente como alimentos calientes y bebo un solo tipo de jugo. Las personas que tienen autismo tienden a comer solo sus comidas favoritas.

Los niños con autismo pueden ser sensibles a la luz y a los sonidos. Los ruidos fuertes y las grandes multitudes me molestan. Cuando un lugar se pone demasiado ruidoso, nos vamos a casa.

También es común ser sensible al tacto. Me gusta llevar camisas suaves sin etiquetas o costuras que hacen picar. Mi manta y almohada favoritas son súper suaves.

Me gustan las rutinas y también les gustan a muchos otros niños con autismo. Nos enojamos cuando las cosas cambian. Cuando viajo, necesito llevar mi jugo, mis bocadillos, mi manta y mi almohada. Después de que una empleada limpió nuestra habitación de hotel, ¡yo no podía encontrar mi almohada! Estaba en un armario con una nueva funda puesta. Volví a ponerle mi antigua y suave funda de almohada.

Mamá y papá se aseguran de que no me
aburra cuando viajo. ¡Me divierto mucho!

15

Como todos, los niños con autismo tienen sus propios talentos. Soy bueno con las computadoras. ¡Puedo encontrar muchos datos en solo unos minutos!

En la escuela, mi clase es pequeña. La ayudante de la maestra está conmigo todo el día. Ella me ayuda a aprender. Para arte, gimnasia y orquesta, me uno a otras clases. Pero no me siento parte de esos grupos. Todos los niños se conocen entre ellos.

Hacer amigos puede ser difícil para los niños con autismo. Me han invitado a una sola fiesta de cumpleaños. Les pido a los niños que jueguen conmigo, pero no quieren. Así que juego solo.

Estoy feliz de haberme unido a un club de ciencias después de la escuela. Allí, los niños se aseguraron de que yo fuera incluido en el grupo. Trabajamos en equipo. Escucharon mis ideas. ¡Fue grandioso!

Adivina qué. ¡Finalmente me invitaron a jugar a la casa de alguien! No entendí los chistes que contaban los niños. Pero me divertí y ellos también. Creo que tendré muchos amigos cuando sea grande.

21

Conoce a Zen

¡Hola! Soy Zen. Vivo en Long Island, Nueva York, con mi papá, mi mamá, mi hermano y mi hermana. Soy el más joven. Me encanta jugar juegos en la computadora y jugar con mi perro, Buddy. Soy inteligente, honesto y amable. Cuando la gente está triste, trato de hacerlos sonreír. Mi clase favorita es la clase de arte y mi color favorito es el azul. Estoy orgulloso de ser quien soy y de lo que he aprendido.

Respeto por las personas que tienen autismo

Trata a las personas que tienen autismo como tratarías a cualquier otra persona. Sé amigable, amable y comprensivo. No los molestes ni los intimides.

Cuando conozcas a alguien con autismo, sé amable y salúdalo. No lo ignores ni te alejes.

Permanece tranquilo y sé agradable cuando pases tiempo con alguien que tiene autismo. Intenta no frustrarte ni gritar.

A todos nos gusta ser parte de un grupo. Asegúrate de invitar a los niños con autismo a jugar y a las fiestas de cumpleaños. Quieren divertirse, como los demás niños.

Si un niño con autismo habla en voz alta, no te le quedes mirando, no te rías ni lo señales. Solo escucha lo que dice.

No hay dos personas en el mundo que sean exactamente iguales. Cada persona tiene cosas en las que es buena y cosas que le gusta hacer. Esto también se aplica a las personas con autismo.

Términos útiles

espectro del autismo La gran cantidad de maneras en que el autismo afecta la forma en que una persona habla, siente y actúa. El autismo es un trastorno del cerebro. Las personas con autismo tienen dificultades para hacer amigos y conocer a otras personas. El espectro significa que el autismo afecta a cada persona de manera diferente.

rutina Una forma o patrón regular de hacer las cosas que es siempre igual.

sensible Que se siente herido o afectado con facilidad por pequeños cambios o diferencias.

talento Algo en lo que una persona se destaca.

terapeuta Una persona capacitada para ayudar a las personas con afecciones, trastornos y enfermedades a aprender nuevas habilidades.